1, rond-point du Général-Eisenhower, 31101 Toulouse Cedex 9, France
editionsmilan.com

Dépôt légal : avril 2025 • ISBN : 978-2-408-05122-8
Achevé d'imprimer au 3e trimestre 2024 en Espagne par Agpograf SA
Plus d'informations sur la fabrication de nos livres :
editionsmilan.com/comment-fabriquons-nous-nos-livres

FSC www.fsc.org
MIXTE
Papier | Pour une gestion forestière responsable
FSC® C104592

Tu vides tes étagères et connais déjà ce livre par cœur ? Donne-le !

BEYONCÉ & JAY-Z

Musique, succès et engagement

FRANCESCA FERRETTI DE BLONAY
MABEL ESTEBAN

milan

ÉTATS-UNIS

Dans certains quartiers de New York, à partir des années 1970, apparaît une nouvelle forme d'art et de mode de vie. La créativité est au top et parle de la rue.

OÙ ?

Dans l'arrondissement de Brooklyn, les bars et les clubs sont en ébullition. Les rappeurs se produisent dehors, avant de monter sur les scènes de la ville.

LE HIP-HOP

Ce genre musical est au centre de tout et se propage partout. Inventé par la jeunesse afro-américaine, il ne cesse d'évoluer au gré des musiciens.

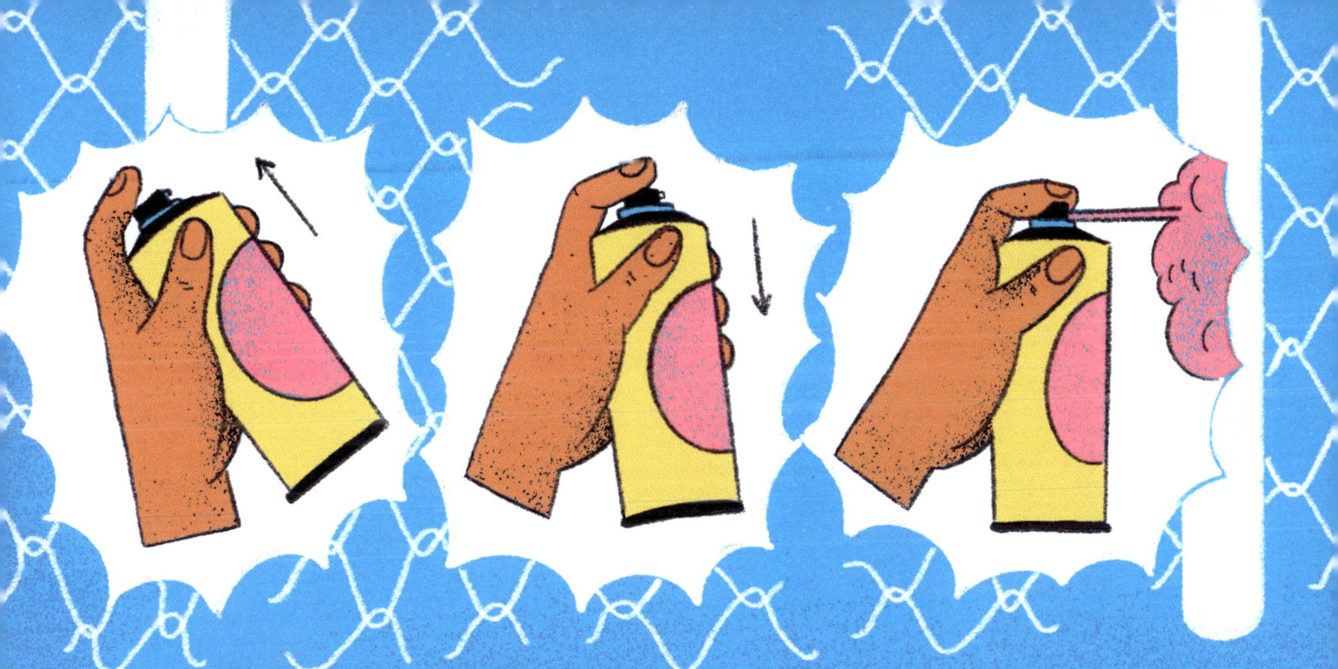

LE RAP

Né du hip-hop, le rap apparaît dans les années 1970. Composé de rimes et de jeux de mots déclamés en rythme, il parle de la vie de façon intense et directe. Les textes des rappeurs se retrouvent même étudiés par des universitaires de Harvard !

QUAND ?

En 1999, juste avant le début du deuxième millénaire, Jay-Z rencontre Beyoncé. Il a 30 ans, elle en a 18. Les deux célébrités deviennent inséparables.

LE R'N'B

Issu du rhythm and blues, du hip-hop, de la soul, de la pop et du funk, ce nouveau genre naît dans les années 1980 et se développe au cours des deux décennies suivantes. Il fait peu à peu danser toute l'Amérique.

On assiste à la révolution du numérique. Avec la création du **World Wide Web**, Internet est accessible à tous. La téléphonie mobile et la télévision par câble sont aussi en pleine expansion !

En 1994, en Afrique du Sud, **Nelson Mandela** devient président de la République. L'apartheid est aboli depuis plus de trois ans déjà !

ANNÉES 90

L'EXPLOSION DU RAP !

C'est l'âge d'or du **rap**. Issu des quartiers pauvres, le rap dénonce les injustices de la société et le racisme.

La **radiocassette** (ghetto blaster) est l'objet de la culture urbaine. La musique vient de la rue.

Le **hustler** est un jeune de quartier qui a décidé de s'en sortir par tous les moyens. La débrouille est sa philosophie.

À la fin de la décennie, les **rappeurs** portent des vêtements de luxe et des bijoux en or : un symbole de réussite pour les ghettos américains.

Les **ghettos** sont des quartiers défavorisés habités par des communautés pauvres, par exemple la communauté afro-américaine.

Le **Billboard 200** est un classement publié par le magazine *Billboard* qui consacre chaque semaine les deux cents albums les plus vendus aux États-Unis.

JAY-Z

Shawn Corey Carter, alias Jay-Z, est né le 4 décembre 1969 à Brooklyn (New York). Il grandit dans le quartier de Bedford-Stuyvesant, où la vie n'est pas facile. À peine sorti de l'enfance, il est confronté au trafic de drogue et à la délinquance. Sa mère, Gloria, élève seule ses quatre enfants.

LE RAP

Le rap change littéralement sa vie. Il découvre ce genre musical à l'école avec d'autres rappeurs comme The Notorious B.I.G. Puis la mère de Shawn lui offre une radiocassette avec laquelle le jeune garçon enregistre ses premiers freestyles.

PREMIER ALBUM

Passionné de musique depuis l'enfance, Jay-Z se met à travailler avec acharnement. Aidé par d'autres hustlers, il sort son premier album, *Reasonable Doubt*, en 1996. Son talent est immédiatement reconnu, mais la consécration viendra avec l'album *Hard Knock Life*, dont le single fait le tour du monde ! En outre, le roi du hip-hop a le don du business. Jay-Z crée sa marque de vêtements, Rocawear, et sa propre maison de disques, Roc Nation, qui devient un empire financier.

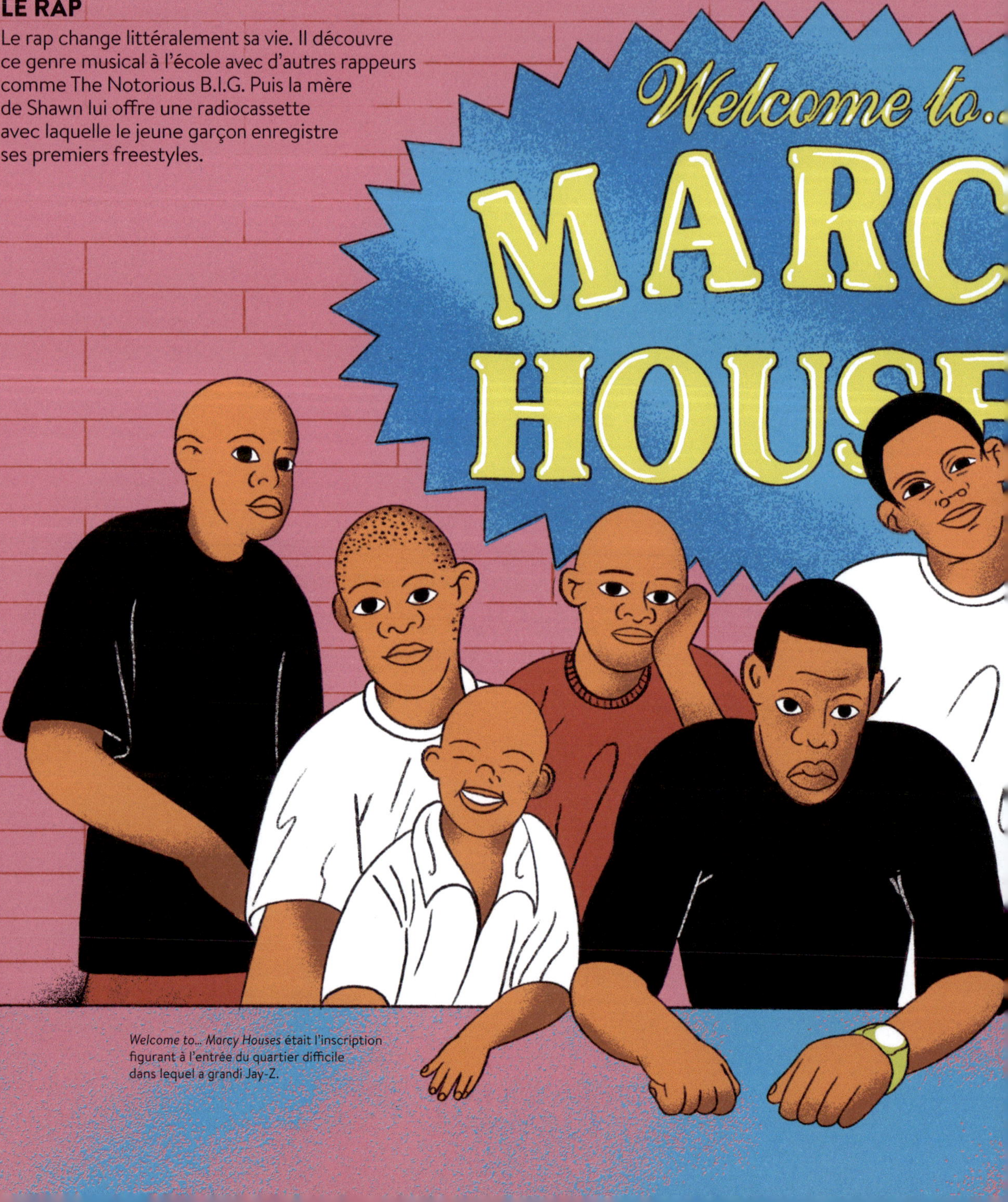

Welcome to... Marcy Houses était l'inscription figurant à l'entrée du quartier difficile dans lequel a grandi Jay-Z.

JAY-Z
REASONABLE DOUBT

AMBIANCE

Avant de sortir son premier album, Jay-Z a rempli des cahiers de poésies ! C'est un incroyable parolier. Sa maîtrise du verbe et sa capacité à jouer avec les mots et les rythmes transportent les foules. Dans son studio, il écoute une mélodie, puis il marmonne quelques tirades lyriques qui donnent de véritables trésors. Tous les sens sont en alerte ! C'est un poète qui compose des images en musique.

SURDOUÉ

Le talentueux Jay-Z est devenu un exemple pour plusieurs générations d'artistes, qui le considèrent comme leur mentor. Il a été honoré par les plus hautes distinctions qu'un musicien puisse recevoir : de nombreux disques de platine et Grammy Awards. Cet influenceur lance les tendances de demain. En vingt-cinq ans, Jay-Z a construit une carrière artistique remarquable et un empire financier colossal.

They should call me
Ray Charles [redacted] boy
Stay lost, boy
Break laws, boy, shit
was my day job, boy
was still on sight
I see that nigga'
'till I seen
same lost boy

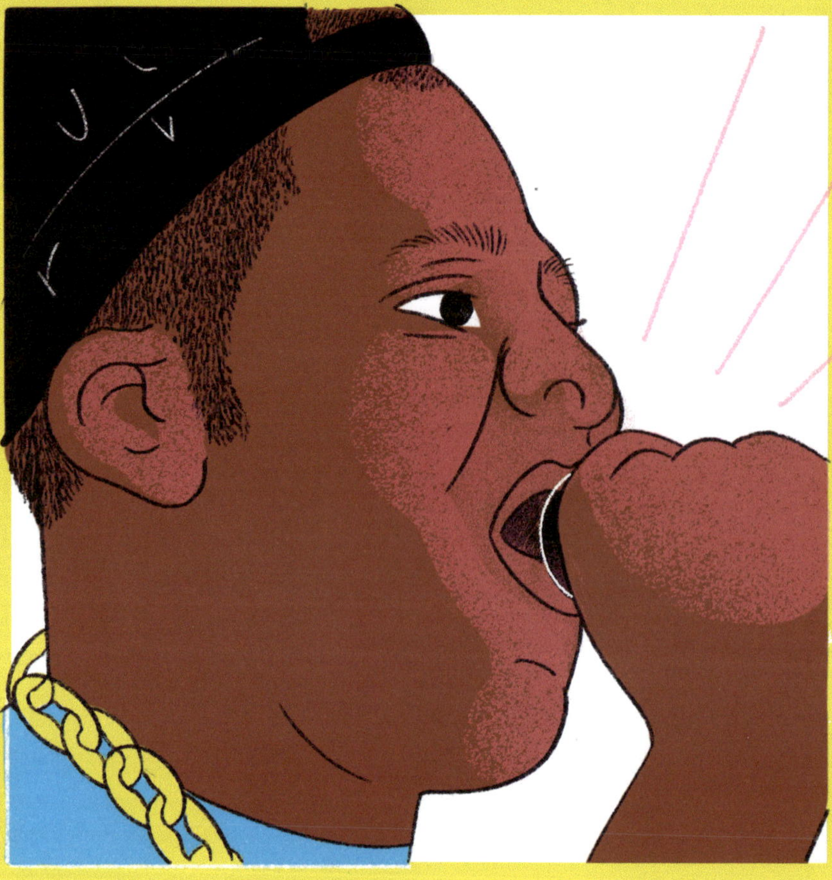

THÈMES

LA POÉSIE DE LA RUE, L'ENGAGEMENT, LA FAMILLE

UNIVERS ARTISTIQUE : HIP-HOP, RAP, SOUL, POÉSIE, DISCOGRAPHIE, CINÉMA, MODE, SPORT

La superstar du ghetto fait rêver les enfants de la rue. Il parle d'égalité, de liberté et de justice. Il met en scène la vie des gens, la sienne, ses forces et ses faiblesses. Il invente un nouveau langage, fait d'émotions et de franc-parler, qui touche tout le monde. C'est un génie des mots au talent littéraire sans pareil. Il peint des poèmes, tout simplement ! Ses vers sont sauvages et électrisants, il a aussi le sens de l'humour et l'ironie facile. Ses textes comportent en outre de nombreuses références culturelles : Jay-Z a donné au rap ses lettres de noblesse !

Il aligne les albums à succès, monte des tournées, réalise des films, des festivals et des performances artistiques... Jay-Z est un créateur de contenu qui a révolutionné le monde de la pop.

BEYONCÉ

Beyoncé Knowles est née le 4 septembre 1981 à Houston, au Texas...

À 5 ans, ses parents l'emmènent voir un concert de Michael Jackson : c'est la révélation ! Elle n'est qu'une enfant, mais elle sait déjà ce qu'elle veut faire de sa vie.

Ses parents, Tina et Mathew, ainsi que sa sœur, Solange, sont ses premiers fans. Son père quitte même son travail pour devenir le manageur du groupe dont fait partie Beyoncé : les Destiny's Child. Le groupe enchaîne les tubes, mais il se sépare après quelques années. C'est donc en solo que Beyoncé va « mettre le feu » sur scène à chacun de ses concerts.

PREMIER ALBUM

En 2003 sort le premier album solo de Beyoncé : *Dangerously in Love*. Il parle de l'amour et des sensations qu'il procure. Subtil mélange de R'n'B et de soul, l'album est propulsé numéro un au Billboard 200. Beyoncé ne cesse alors de cumuler les distinctions. Elle devient même l'artiste féminine comptant le plus de nominations de toute l'histoire !

AMBIANCE

Beyoncé passe son enfance à chanter. Chorale de l'école, petits spectacles locaux... c'est beaucoup de travail et de discipline avant d'atteindre les sommets. Malgré les déceptions et les moments de doute, Beyoncé poursuit ses rêves et les réalise. C'est une battante. Chanteuse, danseuse, autrice, actrice, elle crée aussi une ligne de vêtements avec sa mère, Tina. Tout réussit à cette artiste multicréative et ultradisciplinée !

UNE VOIX

Sa beauté est rehaussée par une voix exceptionnelle, capable d'atteindre des notes très aiguës. Pour vaincre sa timidité, Beyoncé s'invente en plus un double : Sasha Fierce. Sur scène, on découvre alors une femme libérée, rayonnante, avec une voix veloutée, puissante, et une rythmique irrésistible.

UNIVERS ARTISTIQUE : HIP-HOP, R'N'B, SOUL, ÉCRITURE ENGAGÉE, MODE, DANSE

Beyoncé est fière de ses racines texanes, et surtout de son appartenance à la communauté afro-américaine. Elle alterne les chansons d'amour avec des textes engagés contre le racisme et la violence, ou encore en faveur de la libération des femmes. Et ça marche ! Elle met son talent au service de grandes causes. Son œuvre est porteuse de messages. À travers Beyoncé, ce sont toutes les femmes afro-américaines qui vibrent en chœur, et même toutes les femmes en général !

THÈMES

L'AMOUR, LA CONDITION DE LA FEMME, LE RACISME, LA VIOLENCE

RENCONTRE

PRÉLUDE

Beyoncé a 18 ans lorsqu'elle croise Jay-Z. La jeune star se produit en duo avec la rappeuse Amil, une protégée de Jay-Z. Shawn tombe immédiatement sous le charme de Beyoncé. Ils deviennent amis et s'apprécient énormément.

AMOUR ET DISCRÉTION

Puis, en 2002, Beyoncé apparaît dans le clip de *'03 Bonnie & Clyde*. Le nouveau single de Jay-Z révèle leur relation, qui jusque-là avait été tenue secrète. Le clip vidéo met en scène deux amoureux en cavale. Le refrain est clair : Jay-Z déclare sa flamme ! Dans un parcours de vie semé d'embûches, sa fiancée est tout ce dont il a besoin. Beyoncé y répond avec les mêmes mots. Pourtant, la discrétion restera leur crédo. Le 4 avril 2008, les deux stars se marient.

TOUT EST AMOUR

Beyoncé est une artiste spectaculaire qui dégage de la bienveillance. Quant à Jay-Z, c'est un roc, puissant, créatif, et un entrepreneur averti et passionné. Les deux artistes forment un couple marquant et glamour : ils se complètent et se renforcent. Ils se préoccupent aussi des autres, puisque le couple est engagé dans de nombreuses associations, qui agissent par exemple pour la défense des droits humains, l'accès à l'éducation ou encore la lutte contre le cancer.

EN FUSION

L'union des deux stars aboutit à une collaboration artistique d'une grande richesse. Lorsque Jay-Z rappe sur le single de Beyoncé *Crazy in Love*, une formidable énergie s'en dégage. Jay-Z surprend avec ses couplets ; Beyoncé, radieuse, est confortée dans sa carrière solo. Ensemble, ils sont plus forts que jamais et s'adressent à un public plus large, dont font partie de nombreux jeunes des cités.

ON THE RUN TOUR

En tournée, la belle et le rappeur font fureur ! *Crazy in Love*, *Drunk in Love*, *'03 Bonnie & Clyde*, *Déjà Vu*, *Family Feud*… les hits qui mettent en scène le duo ne se comptent plus. En 2014, de nombreux prix consacrent *On the Run Tour*, leur première tournée mondiale, qui sera suivie d'une deuxième, en 2018. L'album commun *Everything Is Love* sort la même année. Cette collaboration contribue à leur succès international.

COUPLE ICONIQUE

Leurs performances les placent parmi les couples les plus influents du monde de la musique, de la mode et du divertissement. Toutefois, chacun a su conserver son identité : Beyoncé et Jay-Z brillent en couple comme en solo ! Leur réussite influe sur la société afro-américaine, à qui ils ont donné une place privilégiée, ouvrant la voie aux talents de demain.

LONGUE VIE…

Amitié, amour et travail constituent certainement la base sur laquelle se construisent les grandes carrières. Jay-Z et Beyoncé cultivent ces valeurs, qui leur permettent aujourd'hui d'être reconnus comme les meilleurs dans tous les domaines. En bref, un couple royal !

Depuis leur mariage, en 2008, ils ont fondé une famille composée de trois enfants : Blue Ivy, Sir et Rumi. Ces derniers apparaissent ici et là, dans une chanson de Jay-Z ou un clip de Beyoncé, même si la discrétion reste de mise. Blue Ivy a aussi accompagné sa mère dans sa dernière tournée, intégrant sa troupe de danseuses et danseurs pour se produire sur les scènes du monde entier.

Talentueux, reconnus, riches, influents : comment ne pas être impressionné par un couple tel que celui-ci ? À eux deux, ils ont complètement changé la pop et ses futurs talents. C'est une véritable révolution qui est en marche !

INSPIRATION

Depuis deux décennies, Beyoncé et Jay-Z sont un modèle pour de nombreux artistes, sportifs et entrepreneurs. Ils sont aussi une source d'inspiration pour les jeunes des quartiers défavorisés, car ils sont la preuve vivante que les rêves peuvent se réaliser et qu'il est bon de rêver !

LÉGENDE

En 2013, *Time Magazine* les déclare comme le couple le plus influent du monde. En 2019, la revue *Forbes* les classe parmi les plus grosses fortunes musicales. Ils sont l'incarnation même du rêve américain. Mais, surtout, ils ont réussi un pari incroyable : celui de s'épanouir et de mener une carrière ensemble. Du grand art !

LES PLUS BELLES CITATIONS

DE JAY-Z

« Le rap, c'est comme faire des films : c'est raconter des histoires et transmettre les émotions des chansons de manière tout aussi profonde. »

« Je crois que tout le monde naît avec du talent. Applique-toi à faire ce pour quoi tu as du génie, et tu pourras réaliser n'importe quoi dans la vie. »

« Croire en soi et savoir qui on est, je pense que c'est la base de toute grande chose. »

« Sois fidèle à toi-même et reste simple. Les gens compliquent toujours les choses. »

LES PLUS BELLES CITATIONS

DE BEYONCÉ

« Je n'ai rien à prouver à personne. J'ai juste à suivre mon cœur et à me concentrer sur ce que je veux dire au monde. Je suis la seule maîtresse de mon monde. »

« Si tout était parfait, on n'apprendrait jamais et on ne grandirait jamais. »

« Ne laisse jamais le succès te monter à la tête. Ne laisse jamais l'échec te prendre ton cœur. »

« Accepte tes erreurs ! Elles font de toi ce que tu es. »

« Nous devons enseigner à nos garçons l'égalité et le respect, pour que, quand ils grandissent, l'égalité des genres soit naturelle pour eux. Nous devons aussi apprendre à nos filles à viser le plus haut possible. »

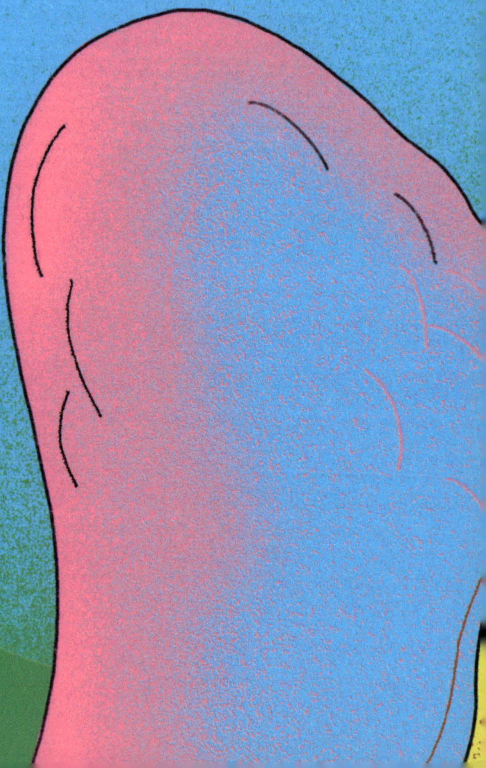

DREAM. ON.

UNE ŒUVRE DE JAY-Z

En une minute trente, Jay-Z évoque son enfance dans son appartement 5 C du quartier de Bedford-Stuyvesant, à Brooklyn. Il n'avait pas grand-chose, peut-être même pas le droit de rêver, mais ses rêves sont devenus réalité. Le clip qui accompagne ce poème met en scène un appartement modeste avec des objets du quotidien : une bouilloire, un sachet de thé, un trognon de pomme, des cahiers, un plafond délabré, un frigo jauni, un téléviseur, des radiocassettes... Cela nous rappelle que le succès peut naître du manque, du peu ou même du rien. Le texte se termine par l'évocation de Roc Nation : sa maison de disques, et la plus belle réussite de Jay-Z.

Thèmes : la pauvreté, la condition du peuple noir, les milieux défavorisés, le droit de rêver, le pouvoir du rêve et l'espoir, car son rêve est devenu réalité.

Genre : poésie.
En 2017, le clip de *Dream. On.* a fait l'ouverture du festival Made in America, un événement créé par Jay-Z à Philadelphie en 2012.

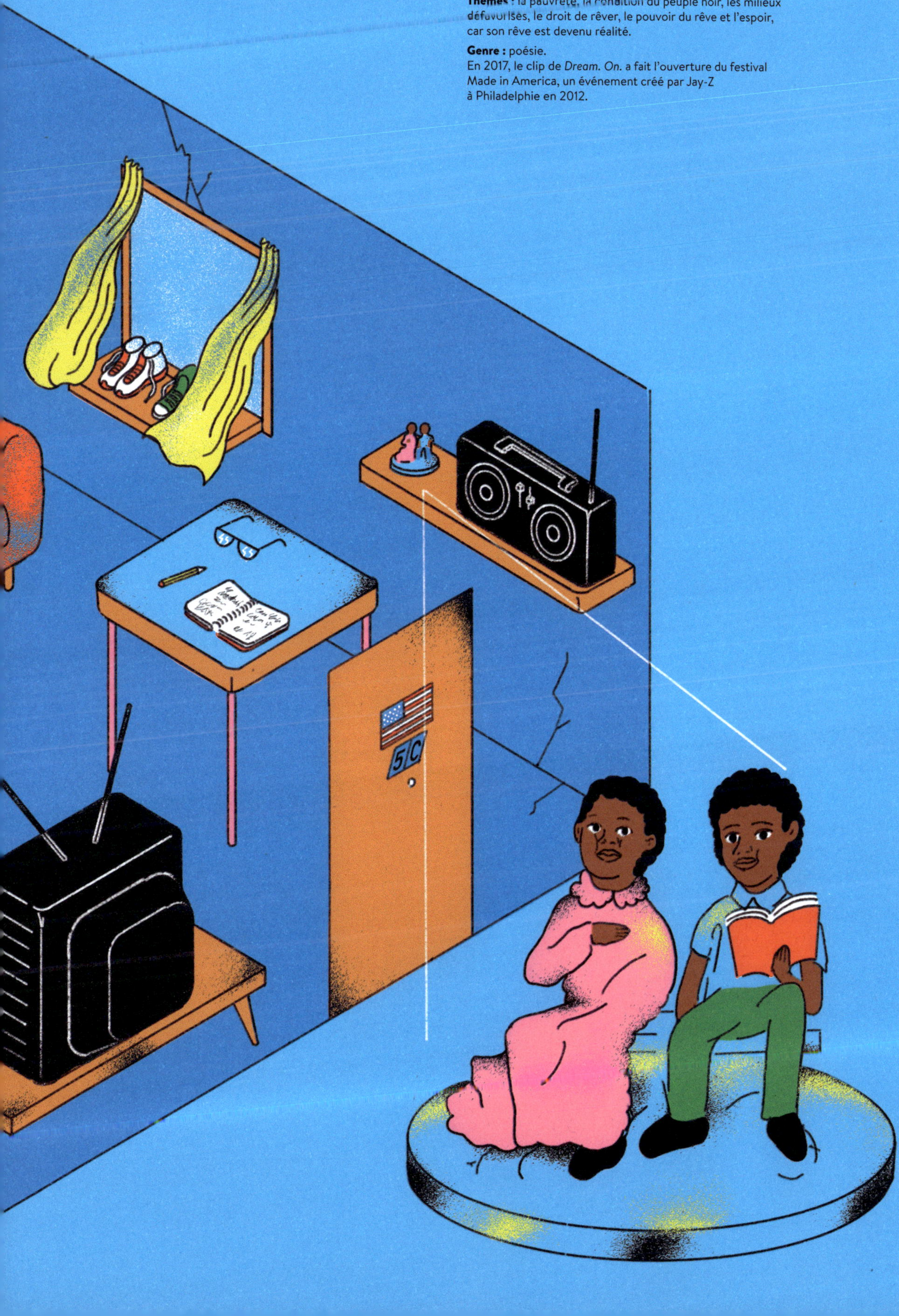

FORMATION

UNE ŒUVRE DE BEYONCÉ

Formation est le premier single de *Lemonade*, le sixième album de Beyoncé, sorti en 2016. Un album plus personnel, qui raconte comment affronter la vie et célèbre ses racines afro-américaines. *Formation* a été sacrée meilleure chanson de l'année et même de la décennie. Quant à son clip, il serait le meilleur de tous les temps selon le magazine *Rolling Stone*. Chanté à la mi-temps du Super Bowl, le hit engagé de Beyoncé est devenu culte ! Elle y dénonce les violences policières envers la communauté afro-américaine et rend hommage aux femmes afro-américaines. Une performance qui a beaucoup fait parler !

Thèmes : l'identité afro-américaine et ses racines du sud des États-Unis, la femme, la misogynie, le racisme.

Genres : R'n'B, trap et bounce music (variante du hip-hop de La Nouvelle-Orléans). Chanson coécrite par Beyoncé, clip vidéo dirigé par Melina Matsoukas, réalisatrice américaine réputée.

ARTISTES ET AMIS

JAZ-O

Jonathan Burks, alias Jaz-O, est un rappeur et producteur américain. Il a été l'un des premiers à croire dans le talent de Jay-Z. Leur collaboration et leur amitié ont perduré.

BARACK OBAMA

Durant le second mandat du président Barack Obama, en 2013, Beyoncé a chanté l'hymne national. Le couple Jay-Z et Beyoncé était proche du couple présidentiel.

PHARRELL WILLIAMS

Artiste américain, Pharrell a créé le groupe The Neptunes dans les années 1990. Il a notamment collaboré avec Jay-Z sur le *Black Album*, en 2003, puis plus tard avec Beyoncé.

WHITNEY HOUSTON

La célèbre chanteuse, aujourd'hui disparue, était l'idole de Beyoncé lorsqu'elle était enfant. Elles partageront la scène en 2003. Beyoncé en rêvait !

KELLY ROWLAND

Chanteuse, danseuse et parolière, Kelly a fait partie des Destiny's Child. Elle a vécu avec la famille de Beyoncé, avant de se lancer dans une carrière en solo. Malgré la séparation du groupe, Kelly et Beyoncé sont restées très amies.